Empujar y jalar

Kaitlyn Duling y Pablo de la Vega

rourkeeducationalmedia.com

ANTES Y DURANTE LAS ACTIVIDADES DE LECTURA

Antes de leer: *construcción de los conocimientos del contexto y el vocabulario*

Construir los conocimientos del contexto puede ayudar a los niños a procesar nuevas informaciones y fortalecer los saberes que ya poseen. Antes de leer un libro es importante ahondar en lo que los niños ya saben sobre el asunto. Esto les ayudará a desarrollar el vocabulario e incrementar su comprensión lectora.

Preguntas y actividades para construir los conocimientos del contexto

1. Mira la tapa del libro y lee el título. ¿De qué piensas que tratará el libro?

2. ¿Qué sabes ya de ese tema?

3. Hojea un libro y echa un vistazo a sus páginas. Mira el índice, las fotografías, los pies de foto y las palabras en negritas. ¿Estas características del texto te dan alguna información o intuiciones acerca de lo que vas a encontrar en el libro?

Vocabulario: el vocabulario es clave para la comprensión lectora

Sigue estas indicaciones para iniciar una conversación acerca de cada palabra.

- Lee las palabras del vocabulario
- ¿Qué viene a tu mente cuando ves cada palabra?
- ¿Qué piensas que significa cada palabra?

Palabras del vocabulario:
- *dirección*
- *energía*
- *fuerza*
- *movimiento*

Durante la lectura: *leer para entender y encontrar significados.*

Para lograr una comprensión profunda de un libro, hay que animar a los niños a hacer uso de estrategias de lectura atenta. Durante la lectura, es importante que los niños hagan pausas y conexiones. Dichas conexiones dan como resultado análisis más profundos y un mejor entendimiento del libro.

 ## Leyendo con atención un texto

Durante la lectura, pide a los niños que hagan una pausa y hablen de lo siguiente:

- Cualquier parte confusa.
- Cualquier palabra desconocida.
- Texto con texto, texto con uno mismo, texto en conexión con el mundo.
- La idea principal de cada capítulo o encabezado.

Anima a los niños a usar claves contextuales para determinar el significado de cualquier palabra desconocida. Estas estrategias ayudarán al niño a aprender a analizar el texto de manera más completa durante la lectura.

Cuando acabes de leer este libro, ve a la última página para encontrar una **actividad posterior a la lectura.**

Índice

Movámonos

Todos los seres vivos necesitan **energía** para moverse.

5

Nuestro cuerpo obtiene energía
de la comida.

Las plantas obtienen energía del Sol.

Un objeto no es un ser vivo.

Necesita que una **fuerza** lo haga moverse.

Empujar y jalar

El carrusel se detiene.

Podemos usar energía para que
se mueva.

¿Cómo? Lo empujamos. Mientras más fuerte los empujemos, más rápido se mueve.

Dejamos de empujar. El carrusel va más lento y se detiene.

Empujo el camión sobre el piso. Se mueve hacia delante.

También puedo jalarlo de regreso.

Cambiando de dirección

Empujo y jalo la carretilla. Cuando está vacía es fácil.

Ahora está llena. Tengo que empujar con fuerza.

Empujo la pelota. Rueda hacia mi amiga.

Ella empuja la pelota. Cambia de **dirección**. Rueda hacia mí.

¡Empujar y jalar pone a los objetos en **movimiento**!

21

Glosario fotográfico

dirección: el camino por el que algo o alguien se mueve o apunta.

energía: la capacidad de algo para hacer un trabajo.

fuerza: cualquier acción que cambia la forma o el movimiento de un objeto.

movimiento: desplazamiento.

Disparador de malvaviscos

¡Usa la fuerza para hacer que un malvavisco vuele!

Qué necesitas

vaso de papel o poliestireno

globo

tijeras

malvaviscos mini

regla o cinta métrica

Instrucciones

1. Con la ayuda de un adulto, quita con las tijeras el fondo del vaso.
2. Anuda la parte baja de un globo desinflado.
3. Corta la parte alta del globo.
4. Estira la parte alta del globo a través del fondo del vaso.
5. Pon un malvavisco mini dentro del vaso. Cuando jales el globo, la fuerza del viento pondrá el malvavisco en movimiento.
6. Usa un regla o cinta métrica para ver cuán lejos voló el malvavisco.

Sobre la autora

Kaitlyn Duling es una lectora y autora consumada que creció en Illinois. Ahora vive en Washington, D.C. Kaitlyn ha escrito más de 60 libros para niños y adolescentes. Puedes conocer más acerca de ella en www.kaitlynduling.com (página en inglés).

Actividad posterior a la lectura

Pon una bola de algodón en el piso frente a ti. ¿Cómo podrías aplicarle una fuerza para moverla? ¿Puedes empujarla o jalarla sin usar las manos? Intenta pensar en la manera más rápida para mover la bola de algodón de un lugar a otro en el cuarto. ¡Luego reta a un amigo a una competencia!

Library of Congress PCN Data

Empujar y jalar / Kaitlyn Duling y Pablo de la Vega
(Mi biblioteca de Física)
ISBN 978-1-73162-949-4 (hard cover - spanish)(alk. paper)
ISBN 978-1-73162-941-8 (soft cover - spanish)
ISBN 978-1-73162-955-5 (e-Book - spanish)
ISBN 978-1-73163-364-4 (ePub - spanish)
ISBN 978-1-73161-409-4 (hard cover - english)(alk. paper)
ISBN 978-1-73161-204-5 (soft cover - english)
ISBN 978-1-73161-514-5 (e-Book - english)
ISBN 978-1-73161-619-7 (ePub - english)
Library of Congress Control Number: 2019945487

Rourke Educational Media
Printed in the United States of America,
North Mankato, Minnesota

Edición: Keli Sipperley
Tapa y diseño interior: Nicola Strafford, Blue Door Education
Traducción: Pablo de la Vega
Edición en español: Base Tres
Photo Credits: cover logo: frog © Eric Phol, test tube © Sergey Lazarev, cover tab art © siridhata, cover photo © juninatt, cover title art © Vitaliy belozerov, page background art © Zaie; page 4 © Rawpixel.com; page 5 © Bildagentur Zoonar GmbH; page 6 © Black-Photogaphy; page 7 © lovelyday12; page 8 pushpin art © MilaLiu; page 9 © Daniel M. Nagy; pages 10, 11, 12, 13 © Oleg Mikhaylov; pages 14 and 15 © bigjom jom; pages 16 and 17 © CroMary; pages 18 and 19 boy © Jeka, girl © Gelpi, ball © FocusStocker; page 20 © Vinne. All images from Shutterstock.com.